Die Entstehung regionalisierter öf

Janvier TCHEMENA NTEUPE

Die Entstehung regionalisierter öffentlicher Investitionsfonds in Frankreich

Verständnis der Grundlagen und des institutionalisierten Finanz-Engineerings am Beispiel der Region Ile-de-France

ScienciaScripts

Imprint

Any brand names and product names mentioned in this book are subject to trademark, brand or patent protection and are trademarks or registered trademarks of their respective holders. The use of brand names, product names, common names, trade names, product descriptions etc. even without a particular marking in this work is in no way to be construed to mean that such names may be regarded as unrestricted in respect of trademark and brand protection legislation and could thus be used by anyone.

Cover image: www.ingimage.com

This book is a translation from the original published under ISBN 978-620-6-69783-1.

Publisher:
Sciencia Scripts
is a trademark of
Dodo Books Indian Ocean Ltd. and OmniScriptum S.R.L publishing group

120 High Road, East Finchley, London, N2 9ED, United Kingdom
Str. Armeneasca 28/1, office 1, Chisinau MD-2012, Republic of Moldova, Europe

ISBN: 978-620-8-27175-6

Copyright © Janvier TCHEMENA NTEUPE
Copyright © 2024 Dodo Books Indian Ocean Ltd. and OmniScriptum S.R.L publishing group

Inhalte

ZUSAMMENFASSUNG 2

Vorwort 4

Allgemeine Einleitung 5

Teil 1 10

Teil 2 18

Allgemeine Schlussfolgerung 41

Bibliografie 43

ZUSAMMENFASSUNG

Die vorliegende Arbeit untersucht die Entstehung einer regionalspezifischen Private-Equity-Aktivität in Frankreich. Obwohl bereits einige Arbeiten die Verbindung zwischen unternehmerischer Innovation, Risikokapital und regionaler Wirtschaftsentwicklung hergestellt haben, hat sich die akademische Forschung kaum mit den französischen Regionen als Risikokapitalbetreibern befasst. Wir haben festgestellt, dass sich das Versagen des Marktes auf die eigentliche Grundlage für das Engagement der französischen Regionen im Bereich des Risikokapitals auf territorialer Ebene auswirkt. Aus diesem Grund sind die bevorzugten Phasen der Intervention der französischen Regionen in dieser Aktivität in den Berufssegmenten angesiedelt, in denen das private Angebot weniger präsent oder weniger dynamisch ist. Die Literatur hat uns gelehrt, dass es bei dieser Positionierung darum geht, den Zielen der Effizienz und der Dynamisierung der regionalen Wirtschaft gerecht zu werden, die den Regionen durch die Gesetze zur Gebietsreform in Frankreich übertragen wurden.

Die explorative Analyse ermöglichte es, diese Faktoren zu inventarisieren und ihre Auswirkungen auf die Entstehung einer regionalspezifischen Risikokapitalaktivität in Frankreich zu untersuchen. Diese Analyse führte uns zur Identifizierung der Finanzierungsquellen und Wirtschaftspartner der französischen Regionen. Die Entstehung einer regionalspezifischen Private-Equity-Industrie in Frankreich ist demnach auf die kombinierte Wirkung der folgenden vier Faktoren zurückzuführen: die regionalwirtschaftlichen Herausforderungen der unternehmerischen Innovation, Risikokapital als Finanzierungslösung für den Eigenkapitalbedarf innovativer Unternehmen, die in Frankreich durchgeführten Gebietsreformen und die neue europäische Strategie für die regionale Wirtschaftsentwicklung.

Die Fallstudie der Region Ile-de-France ergab, dass in einem Zeitraum von 20 Jahren (1996-2016) 374 Unternehmen gefördert wurden und dass der Anteil der Unternehmen, die in den Phasen Anfänge und Gründung gefördert wurden, 56 betrug. Bei dieser Zahl beobachten wir eine Verschiebung hin zu den Phasen Entwicklung und Übertragung. Dies steht im Widerspruch zu den Erkenntnissen der Literatur. Dieser Fall ermöglichte es uns, die erfassten Erklärungsfaktoren empirisch mit dem regionalen Kontext der Region Paris zu untermauern. Die Analyse der Praxis führt zu Punkten, an denen die Sichtbarkeit der Aktivitäten der betroffenen Fonds verbessert werden kann. Dieses Ergebnis führte uns auch zu Vorschlägen zur Verbesserung der Leistungen, die von den Managern der betroffenen Private-Equity-Fonds in der Region Paris erbracht werden. Aus diesem Grund haben wir Empfehlungen für die Region Ile-de-France und ihre Private-Equity-Fondsmanager formuliert.

Schlüsselwörter : Risikokapital - Risikokapital speziell für die Regionen Frankreichs - Regionale wirtschaftliche Herausforderungen der Innovation - In Frankreich durchgeführte Gebietsreformen - Regionale wirtschaftliche Governance

Vorwort

Nach verschiedenen Erfahrungen, unter anderem in einer Anwaltskanzlei und in der Beratung und Ausbildung, beschlossen wir l'ëlë 2014, als wir mit der Schwierigkeit konfrontiert waren, eine angepasste Lësung für den Eigenkapitalbedarf der von uns betreuten Start-ups vorzuschlagen, unser Studium wieder aufzunehmen und diese Lösungssuche zum Kern der Kernthematik unserer DBA-Thesis zu machen.

Wir haben bereits erfahren, dass die französischen Regionen über eine eigene Private-Equity-Aktivität verfügen. Allerdings ist diese Risikokapitalaktivität der französischen Regionen offensichtlich kaum bekannt und wird in der akademischen Forschung kaum untersucht.

Deshalb wollten wir einerseits zur Verständlichkeit dieser Tätigkeit, ihrer Grundlagen und Verfahren beitragen; andererseits zur Sichtbarkeit ihrer Zielgruppe und des angenommenen institutionellen Finanzengineerings beitragen; ihre charakteristischen Merkmale liefern, die lokale Start-ups aufklären können, damit sie den größtmöglichen Nutzen daraus ziehen können.

In diesem Sinne wollten wir mit den erwarteten Ergebnissen anderen "Territorien" außerhalb des Hexagons zum Beispiel und auf ihre Kosten ermöglichen, sich davon inspirieren zu lassen, um die wirtschaftliche Dynamik ihres Territoriums ihrer ëconomie mit einer Unterstützung für die unternehmerische Innovation zu tragen, durch eine Implementierung einer Risikokapitalaktivität auf der Ebene ihres Territoriums, zugunsten der lokalen Start-ups.

Unser Ziel wird erreicht, wenn dieses Buch Ihnen ein angemessenes Licht beim Verständnis der Grundlagen dieser territorialen Aktivitat und beim Verstandnis des Dëmarche zur Einrichtung dieser rëgionalisës Investitionsfonds vermittelt, der sich naturlich an dem franzosischen Modell, unserem Studienmodell, orientiert.

Der Notwendigkeit halber werden wir am Ende die Anregungen und Empfehlungen aus unserer Forschungsarbeit, von der das vorliegende Buch ein Ausfluss ist, noch einmal zusammenfassen.

Allgemeine Einleitung

Die Notwendigkeit für Frankreich, sich auf seine Rëgionen und deren Spëcificitë en тайёге unternehmerischer Innovation zu stützen, um die Kompëtitivitëtätë seiner ëkonomie zu tragen, ist keine neuere Phënomëne. Man muss auf das 1ere Gesetz zur Dezentralisierung von 1982 zurückgehen, um die Grundlagen zu erfassen. Dies drückt und rechtfertigt die Grundfesten der ständigen Neuorganisation des Territoriums und das Verständnis der aufeinanderfolgenden Gesetze, die als deëcentralisation bezeichnet werden, aus. Hinzu kommt die Einführung einer Innovationsstrategie auf nationaler Ebene durch die öffentlichen Verantwortlichen und Entscheidungsträger, wobei den exëcutifs régionaux[1] die Wahl gelassen wird, sich unter Berücksichtigung ihrer intrinsëques Singularitäten daran zu halten.

In der Tat ist unternehmerische Innovation das Herzstück moderner Volkswirtschaften, und vielfältige Umstände haben die französischen Regionen dazu veranlasst, die Finanzierung unternehmerischer Innovation in ihre Strategie zur wirtschaftlichen Entwicklung aufzunehmen. Diese Ausrichtung wurde durch die Verabschiedung eines rechtlich-konstitutionellen Rahmens ermöglicht, der diese Kompetenzübertragungen und die wirtschaftlichen Interventionen der Regionen einrahmt. Diese sogenannten Gesetze zur Gebietsreform haben die Regionen Frankreichs zu führenden Akteuren im Bereich der regionalen Wirtschaftsführung gemacht. In diesem Zusammenhang ist es zum Verständnis des Prozesses notwendig, die wenigen verfügbaren Arbeiten zu diesem Thema heranzuziehen und mit ihnen die Quelle dieser Forschungsarbeit und die für ihre Bearbeitung verfolgten Wege wiederzugeben:

In Frankreich durchgeführte Gebietsreformen

Der Ursprung der Beteiligung der Gebietskörperschaften, insbesondere der Regionen Frankreichs, an Risikokapitalinvestitionen wird in der Arbeit von Marty (2006) verortet, wenn er feststellt, dass "die Kompetenzen der Gebietskörperschaften zur Förderung der Attraktivität der Gebiete und zur Unterstützung der lokalen wirtschaftlichen Entwicklung in Frankreich erst mit dem

---

[1] Vgl. Le Lidec P., (2007/1), "Le jeu du compromis: l'Etat et les collectivites territoriales dans la decentralisation en France" (Das Spiel des Kompromisses: Staat und Gebietskörperschaften bei der Dezentralisierung in Frankreich).

Dezentralisierungsgesetz vom 2. März 1982 (Acte I de la decentralisation) wirklich anerkannt wurden. Vor der Verkündung der Deferre-Gesetze war der Rechtsprechungsrahmen, in dem sich die wirtschaftlichen Interventionen der Gebietskörperschaften entfalteten, sehr restriktiv." So erkannte Artikel 5 des Gesetzes Nr. 82-213 vom 2. März 1982 den Gemeinden die Fähigkeit zu, in wirtschaftlichen Angelegenheiten zu intervenieren. Das Gesetz vom 13. August 2004 über lokale Freiheiten und Verantwortlichkeiten vervollständigte diese Gesetzgebung und führte zu neuen Kompetenzübertragungen, wobei die bereits erworbenen Kompetenzen im wirtschaftlichen Bereich beibehalten wurden.

In diesem Zusammenhang "sehen die Regionen ihre führende Rolle bei der Vergabe von Beihilfen, seien es Zuschüsse, Darlehen, Vorschüsse, Zinsvergünstigungen, Kreditgarantien, die Zeichnung von Risikokapitalfonds oder die Beteiligung an Risikokapitalgesellschaften, festgeschrieben" (Marty, 2006).

C'est donc a partir de cette loi que les Règions en France ont acquérir une liberté d'souscrire à des participations dans les organismes de capital-privestissement ou de disposer d'une offre propre de capital-privestissement. Im Anschluss an diese Fortschritteées auf der Ebene der Konsolidierung der führenden Rolle der Règionen Frankreichs bei der regionalen Wirtschaftsförderung wurde das Gesetz vom 7. August 2015 über die neue territoriale Organisation der Republik, das sogenannte NOTRe-Gesetz, verabschiedet. Dieser dritte Akt der Dezentralisierung stärkt und verankert die Führungsrolle der Regionen im Bereich der regionalen Wirtschaftsführung. Die Frage, die sich stellt, wird von der Notwendigkeit unterstützt, die Motivationen der politischen Verantwortlichen und Entscheidungsträger auf nationaler Ebene zu verstehen, um den Regionen immer mehr Kompetenzen zu übertragen, insbesondere im Bereich der Wirtschaft, ein transparenter Umschlag, der unser Forschungsthema enthält. Dies führt uns dazu, Elemente zu teilen, die durch die vorläufigen Feststellungen, die Türöffner der durchgeführten Forschungsarbeit, geheim gehalten werden:

- **Schwierigkeiten bei der Eigenkapitalausstattung innovativer Unternehmen**
Mit Cherif (2008) haben wir die Merkmale innovativer Unternehmen hervorgehoben, um die Quelle ihrer Schwierigkeiten bei der Beschaffung von Eigenkapital zu erläutern. Die innovative

und per definitionem unsichere Natur der Projekte, verbunden mit der Informationsasymmetrie, dem Fehlen materieller Sicherheiten, der Ungewissheit über den zukünftigen *Cashflow* und der mangelnden Erfahrung der jungen Gründer, macht es sehr schwierig, eine Bankfinanzierung zu erhalten", so Cherif. Savignac (2007) zeigt auf, dass die Finanzierung durch Banken oder den Markt für innovative Unternehmen ungeeignet ist.

Die Feststellung, dass die Merkmale des *Businessplans* eines innovativen Unternehmens nicht mit den von den Banken festgelegten Finanzierungsbedingungen übereinstimmen. Diese einschränkenden Tatsachen des Zugangs zu Bankkrediten für junge innovative Unternehmen werden auch in den Arbeiten von Cerveaux (2014), Guilhon und Montchaud (2003), Dubocage und Rivaud-Danset (2003) u.a. untersucht und hervorgehoben. Diese Schwierigkeiten innovativer Unternehmen, sich mit Eigenkapital auszustatten, ist einer der Beobachtungspunkte, die unserer Forschungsarbeit zugrunde liegen.

- **Technik des Risikokapitals: eine angepasste Lösung zur Finanzierung des Eigenkapitalbedarfs innovativer Unternehmen**

Demaria (2015) betont, dass "wenn es darum geht, ein Unternehmen zu finanzieren, zwei Lösungen spontan in den Sinn kommen: die Finanzmärkte (die Börse) und die Bankverschuldung. Die Finanzmärkte ermöglichen die Finanzierung nur einer begrenzten Anzahl mittlerer und großer Unternehmen, die bestimmte Kriterien erfüllen (Umsatz, Bilanzsumme, Erfahrung usw.). Auch die Bedingungen für die Aufnahme von Fremdkapital sind streng geregelt, da die Unternehmen ihre Fähigkeit nachweisen müssen, ihre Kreditgeber nach vorher festgelegten Zeitplänen zu entschädigen. Diese Zugangsbedingungen, insbesondere für kleine und mittlere Unternehmen (KMU), wurden vor kurzem aufgrund der neuen bankaufsichtlichen Kennzahlen in Anwendung der Vereinbarungen von Bale III und bald Bale IV verschärft...".

Diese Ausführungen zeigen lediglich, dass der Eigenkapitalbedarf innovativer Unternehmen nicht mit den selektiven Kriterien für die Finanzierung durch Märkte oder Banken übereinstimmt. Die nächste Frage desselben Autors lautet: "Wenn es nicht die Märkte oder die Banken sind, wer finanziert dann junge Unternehmen in der Gründungs- oder Entwicklungsphase? (...) Die Übertragung oder Übernahme von Unternehmen, z.B. im Rahmen einer Familiennachfolge? (...)

Private Equity ist eine Finanzierungskette, die nicht börsennotierte Unternehmen während ihrer gesamten Entwicklung begleitet".

Diese Wahrnehmung von Risikokapital entspricht der in der einschlägigen Literatur festgestellten Einigkeit, dass die Technik des Risikokapitals eine geeignete Lösung zur Finanzierung des Eigenkapitalbedarfs innovativer Unternehmen während ihres gesamten Lebenszyklus darstellt.

Die meisten dieser Projekte werden jedoch aufgrund der sogenannten "adverse selection" (Kaplan und Stromberg, 2000; Battini, 2001; Guilhon und Montchaud, 2003; Cerveaux, 2014) nicht ausgewählt.

Wenn dann noch die Dynamik der privaten Akteure in den späteren Phasen hinzukommt, ist die direkte Folge, dass eine überwältigende Mehrheit der Projektträger innovativer Unternehmen ohne die für die Amortisierung und Gründung ihrer Aktivitäten notwendige Finanzierung dasteht.

- **Private Equity-Berufe, in denen private Anbieter weniger präsent oder weniger dynamisch sind**

Mit Touati (1999) stellen wir fest, dass "die zahlreichen Risikokapitalgesellschaften, die aus den regionalen Institutionen hervorgegangen sind, die Aufgabe haben, die Mängel der finanzorientierten Organisationen auszugleichen, da diese dazu neigen, sich von der Hochrisikofinanzierung von sehr kleinen Gründungs- oder Technologieunternehmen abzuwenden und stattdessen auf die Entwicklung oder Übertragung von mittleren oder großen KMU zu setzen".

Die Ergebnisse einer AFIC-Studie, auf die sich Demaria (2015) stützt, bestätigen diesen Trend für einen relativ längeren Zeitraum von 2005 bis 2014. Es ist sinnvoll, einige Schlüsselzahlen zu den Private-Equity-Aktivitäten der französischen Regionen zu liefern.

- **Kennzahlen zur Private-Equity-Tätigkeit der französischen Regionen**

Ausgehend von den Ergebnissen einer Studie, die von der Region Ile-de-France in Auftrag gegeben und von einem der befragten Akteure aus der Region Ile-de-France zitiert wurde (ACT1), verteilen sich die Beträge der regionalen Mittel, die im Zeitraum von 1996 bis 2016 von den Regionen des französischen Mutterlandes für Risikokapital bereitgestellt wurden, wie folgt: Hauts de France, 137 Mio. Euro; Grand Est, 87 Mio. Euro; Nouvelle Aquitaine, 64 Mio. Euro;

Ile-de-France, 62 Mio. Euro; Pays de la Loire, 46 Mio. Euro; Bretagne, 45 Mio. Euro; Rhones Alpes, 27 Mio. Euro; PACA, 25 Mio. Euro und Okzitanien, 13 Mio. Euro. Bei genauerer Betrachtung sind die so gebundenen Regionalmittel im Vergleich zu den Fonds mit dem größten Medienecho und den meisten Studien verschwindend gering. Dies ist der Grund, warum wir uns für die Untersuchung der Regionen Frankreichs als Risikokapitalgeber interessieren.

In der Region Ile-de-France, unserem empirischen Untersuchungsgebiet, wurden 62 Millionen Euro für alle ihre Risikokapitalfonds mobilisiert. Und während des angegebenen Untersuchungszeitraums wurden 374 Unternehmen finanziert und 2787 direkte Arbeitsplätze geschaffen.

Behandelte Problematiken

Wir haben bereits in den beiden vorangegangenen Kapiteln darauf hingewiesen, dass es in der Risikokapitalbranche verschiedene Akteure gibt, die in bestimmten Bereichen tätig sind. Dies kann sowohl auf nationaler als auch auf regionaler Ebene geschehen, um nur diese beiden Interventionsebenen zu nennen. Ausgehend von der Pluralität und Diversifizierung des Risikokapitalangebots in Frankreich mit 282 Verwaltungsgesellschaften und 447 Mitgliedern, die in France Invest[2] zusammengeschlossen sind, haben wir unsere zentrale Forschungsfrage formuliert: Welche Faktoren erklären die Entstehung einer eigenen Risikokapitalaktivität der Regionen in Frankreich (1ere Teil)?

Diese beiden Unterforschungsfragen führten zu folgenden zusätzlichen Forschungsfragen, um die Wirtschaftspartner der Regionen in Szene zu setzen und die Finanzierungsquellen für diese Tätigkeit zu identifizieren: Woher stammen die Finanzierungsquellen für die Risikokapitalaktivitäten der französischen Regionen (2^{e} Teil)?

---

[2] France Invest, ehemals AFIC (Association Francaise des Investisseurs pour la Croissance), die in Frankreich die Private-Equity-Branche zusammenbringt.

Teil 1

Verständnis der Entstehung von Private Equity in Frankreich für die Regionen

Einführung

Innovation ist der Motor moderner ëkonomien[3] . Sie sind darin verwurzelt, um die Kompëtitivitëtët ihrer Räume zu tragen und zu erhalten. In der Literatur wird jedoch festgestellt, dass diese Unternehmen aufgrund ihres innovativen *Geschaftsmodells* und des Fehlens einer uberzeugenden *Geschaftsgeschichte* nicht in den Genuss von Bankfinanzierungen kommen [Turel (2007); Guerin und Vallat (2000)]. Das Problem besteht darin, eine Finanzierungsmethode zu finden, die sowohl dem innovativen *Geschäftsmodell* als auch dem jungen Alter der Unternehmen gerecht wird. Die Literatur zeigt, dass die Lösung in *Private Equity* lag (Redis (2009); Demaria (2015); Cherif (2008)).

Aber dass in der Praxis aufgrund der sogenannten adversen Selektion nur wenige Bewerbungen in die engere Wahl kommen, betonen Leger-Jarniou et *al.* (2013). In der Tat bevorzugen Risikokapitalgeber aufgrund der hohen Risikoquote die Finanzierung innovativer Unternehmen in fortgeschritteneren Phasen, d.h. deren Entwicklung oder aber deren Übertragung[4] . Auf diese Weise vermeiden sie die Finanzierung der Amortisation oder der Gründung. Hier kommt der Begriff des *Marktversagens* ins Spiel, der von Kouevi (2003) hinreichend entwickelt wurde, um das Eingreifen der öffentlichen Hand in diese Tätigkeit zu rechtfertigen. Was sind die Gründe für die Entstehung einer regionsspezifischen Private-Equity-Aktivität in Frankreich?

Auf der Ebene der Regionen in Frankreich wird das Risikokapitalangebot durch die Risikokapitalfonds der Regionen gebildet, die auf der Ebene einer oder mehrerer Regionen tätig sind (Menville, 1997; Touati, 1989, 1999; Ohanessian, 2008). Sie haben die Besonderheit, dass sie zu den wenigen Fonds gehören, die in der Startphase intervenieren (Menard, 2005). Die Gebietskörperschaften (im Rahmen dieses Artikels als Territorien im Sinne von Artikel 72 Absatz 1 der geltenden französischen Verfassung bezeichnet). Dies bezieht sich auf die Gemeinden, Departements und Regionen; dann auf die Collectivites a statuts particuliers d'outre-mer regies par l'article 74 de la même constitution), beabsichtigen, sich auf die Innovation zu stützen, um die

---

[3] Bericht Beylat et *al.* (2013)
[4] Tchemena (2019), *L 'emergence en France d'une activite de capital-investissementpropre aux Regions: le cas de la Region d'lle-deFrance*, these de Doctorate in Business Administration (DBA), Universite de Nice Sophia Antipolis, IAE de Nice, 26 fevrier 2019, Tabelle S. 72.

wirtschaftliche Wettbewerbsfähigkeit ihrer Gebiete zu steigern. Wie soll das geschehen? In den territorialen Reformen, die in Frankreich durchgeführt wurden, muss man den rechtlich-konstitutionellen Rahmen für die Hebel finden, die man ansetzen kann.

Wir beschränken uns jedoch auf die regionale Ebene, um die Ergebnisse der im Rahmen unserer Dissertation durchgeführten Forschungsarbeit wiederzugeben. Folglich haben diese verschiedenen Gesetze die Führungsrolle der Regionen bei der lokalen Wirtschaftsentwicklung festgeschrieben.

[Akte I, II und III der Dezentralisierung]. C'est alors adossées sur ce role de pilote transfëré aux Rëgions par la loi, que les Collectivites territoriales en France, peuvent faire des prises de participation dans des fonds de capital-investissement à l'eclielle de leurs territoires; voire meme même d'créer en en leur propre chef [loi du 13 aout 2004 relatives aux libertes et responsabilites locales].

Um diese verschiedenen Mechanismen zu erklären, sind zwei Punkte zu untersuchen: erstens die Grundlagen für die Einrichtung einer regionalspezifischen Risikokapitalaktivität und zweitens die wirtschaftlichen Herausforderungen der Innovation innerhalb der Regionen. Hier wird deutlich, dass einer der Erklärungsfaktoren für die Einrichtung der Fonds, um die es hier geht, ein anderer ist.

I-Die Faktoren, die die Private-Equity-Aktivität der Regions de France erklären In diesem Abschnitt gehen wir zum einen auf die theoretischen Grundlagen **ein**. Andererseits stellen wir die rechtlich-konstitutionellen Grundlagen der Gründung dieser Fonds dar.

A-Die theoretischen Grundlagen der regionsspezifischen Risikokapitaltätigkeit

Die Arbeit von Touati (1999) gibt den historischen Kontext der öffentlichen Finanzierung der Gründung innovativer Unternehmen und damit der Einführung von lokalem oder regionalem Risikokapital in Frankreich wieder. Diese Arbeit zeigt auch die grundlegenden Gründe auf, die die öffentlichen Entscheidungsträger dazu veranlasst haben, auf lokaler Ebene in die Finanzierung von Innovation und der Gründung innovativer Unternehmen einzugreifen. Nach Marty ging es darum, lokale Lösungen für den Eigenkapitalbedarf innovativer Unternehmen zu finden, um das Wachstum und die Wettbewerbsfähigkeit zu fördern und gleichzeitig Arbeitsplätze zu schaffen. In Ergänzung dazu stellt Marty (2006) die mit der Übertragung von Zuständigkeiten verbundenen

Fragen nach den wirtschaftlichen Interventionen der Gebietskörperschaften und ihrer Zuweisung finanzieller Ressourcen.

Laut Kahn (2007) setzt die neue europäische Regionalpolitik, die durch die im Jahr 2000 verabschiedete Lissabon-Strategie angeregt wurde, auf eine wissensbasierte Wirtschaft, Innovation und Unternehmertum. In diesem Zusammenhang wird ein Teil der Strukturfonds, insbesondere der EFRE[5], für regionale Maßnahmen zur Förderung der Innovation durch die Entwicklung von Risikokapitalinstrumenten und Investitionen in Forschung und Entwicklung bereitgestellt. In der Tat werden subnationale Gebiete und lokale Institutionen mobilisiert, um die wirtschaftlichen Ziele Wachstum, Beschäftigung, Innovation und Wettbewerbsfähigkeit zu erreichen. Die Arbeit von Depret et al. (2010) stellt die Innovationspolitik, die Organisation des regionalen Raums und die Dynamik der Territorien dar.

Die Bedeutung dieser Arbeit ergibt sich aus der Tatsache, dass sie die Auswirkungen von Veränderungen des regulatorischen Rahmens, der Gebietsdynamik, der Organisation der mit der Innovation verbundenen Aktivitäten auf regionaler Ebene und der erforderlichen Finanzierungsinstrumente wiedergibt. Aus dieser übersicht über die tlieorischen Grundlagen unseres Untersuchungsgegenstandes geht hervor, dass das Eingreifen der öffentlichen Entscheidungsträger bei der Finanzierung innovativer Unternehmen den Erfordernissen der wirtschaftlichen Effizienz entspricht. Wir teilen dieses Argument aus dem einfachen Grund, dass die Finanzierung von Innovation und der Gründung innovativer Unternehmen zu Wachstum, Wohlstand und Arbeitsplätzen führt [(Encaoua (2004)] und dass die Intervention der Gebietskörperschaften der gleichen Logik folgt, wenn sie auf die lokale oder regionale Ebene bezogen wird [(Touati (1999); Marty (2006)]].

B-Die verfassungsrechtlichen Grundlagen der Risikokapitaltätigkeit von Regionen

Eine Auswertung der Arbeiten von Marty (2006) führte uns zu den wichtigsten Dezentralisierungsgesetzen, die den rechtlich-konstitutionellen Rahmen für die wirtschaftspolitische Intervention der Gebietskörperschaften beleuchten:

---

[5] *Ib*, S. 91und 92

> Das Gesetz vom 2. März 1982: In Artikel 5 wird den Gemeinden die Fähigkeit zuerkannt, in wirtschaftlichen Angelegenheiten zu intervenieren;

> Das Gesetz vom 7. Januar 1983 legt in Artikel 1er die Zuständigkeiten im Bereich der Wirtschaftsentwicklung und der Raumordnung fest und organisiert ihre Verteilung auf die verschiedenen Ebenen der Gebietskörperschaften;

> Das Gesetz vom 27. Februar 2002, das sogenannte Gesetz zur Vereinfachung der für wirtschaftliche Interventionen geltenden Vorschriften, stärkt die Rolle des Koordinators auf regionaler Ebene;

> Das Gesetz vom 13. August 2004 führt zur Übertragung neuer Kompetenzen auf die Gebietskörperschaften, insbesondere im Bereich der Wirtschaftsentwicklung. Es umfasst als Haupttransfers die öffentliche Infrastruktur und die lokale öffentliche Politik der wirtschaftlichen Entwicklung. Marty (2006) zufolge verankert dieser Rechtsrahmen die führende Rolle der Regionen bei der Vergabe von Beihilfen, seien es Subventionen, Darlehen, Vorschüsse, Zinsvergünstigungen, Kreditgarantien, die Zeichnung von Investmentfonds für Innovation (FCPI) oder die Beteiligung an Kapitalbeteiligungsgesellschaften.

> Das sogenannte NOTRe-Gesetz vom 7. August 2015 verankert die führende Rolle der Regionen im Bereich der ëkonomischen Entwicklung (interessieren Sie sich für den Prozess der Ausarbeitung des SRDE-II4).

In diesen beiden Rubriken haben wir uns auf den eigentlichen Geist der wirtschaftlichen Intervention der Gebietskörperschaften und ihren verfassungsrechtlichen Rahmen konzentriert. Wir werden nun die wirtschaftlichen Herausforderungen der Innovation für die Territorien untersuchen. In diesem Zusammenhang wird auf die Frage eingegangen, ob es sich bei den territorialen Investitionsfonds um einen weiteren Erklärungsfaktor handelt, der die Grundlage für die Einrichtung der territorialen öffentlichen Investitionsfonds im französischen Kontext bildet.

II-Wirtschaftliche Herausforderungen der Innovation für die Gebiete

In diesem zweiten großen Punkt werden wir einerseits die Stellung der Innovation in der wirtschaftlichen Entwicklung der Gebiete darstellen; andererseits die Rolle der Innovation in der Dynamik und Wettbewerbsfähigkeit der Gebiete hervorheben.

A-Unternehmerische Innovation und wirtschaftliche Entwicklung der Gebiete

Touati (1989,1999) stellt fest, dass "die endemische Unterkapitalisierung der KMU und die Probleme, mit denen sie bei der Stärkung ihres Eigenkapitals konfrontiert sind, nunmehr ein entscheidendes Spiel für die Zukunft der französischen Wirtschaft darstellen, da die Erholung der Beschäftigungskurven hauptsächlich von diesen KMU erwartet werden kann. Nach drei Jahrzehnten der Dekonzentration der Industrie und der Massenentlassungen schaffen die großen Unternehmen keine Arbeitsplätze mehr, während die kleineren Unternehmen eine ungeahnte Dynamik an den Tag legen.

Das Interesse der Politiker und der öffentlichen Entscheidungsträger, insbesondere auf regionaler Ebene, richtet sich daher auf diese kleinen, innovativen Unternehmen. Anschließend weist Menville (1990) darauf hin, dass "eine starke doppelte Feststellung für die öffentlichen Behörden wie für alle von der Frage betroffenen wirtschaftlichen und sozialen Entscheidungsträger von Anfang an zwingend ist: Die Finanzierung der regionalen Entwicklung ist erstens im Wesentlichen das Problem der Finanzierung von KMU, und zweitens ist es unter den verschiedenen möglichen Finanzierungsquellen die Eigenkapitalfinanzierung, um die es geht". Er fährt fort, indem er die folgende, aus unserer Sicht grundlegende Frage stellt: "Kann man die Initiative zur Belebung der Wirtschaft einer Region allein dem Privatsektor überlassen?" Auf diese Frage gibt er eine Antwort, die unsere Zustimmung findet, wenn er sagt: "Es ist nicht Aufgabe von Finanzinstituten, die Wirtschaft zu fördern.

' *Ibid* S. 96-99, Partenaires des regions dans l'elaboration du Schema Regional de Developpement Economique, d'Innovation et d'Internationalisation (SRDE-II) (Partner der Regionen bei der Ausarbeitung des regionalen Schemas für wirtschaftliche Entwicklung, Innovation und Internationalisierung),

die weiterhin private Gesellschaften sind, allein die ökonomischen Kriterien für die Prüfung der ihnen vorgelegten Anträge festzulegen. Diese Kompetenz sollte mit den Institutionen geteilt werden, die mit der Gestaltung der regionalen Wirtschaftspolitik betraut sind. Das Bürgschaftssystem erscheint als ein Mittel zur Orientierung und Unterstützung, indem es eine

Vermischung der Rollen vermeidet."

Es ist letztlich die Schwierigkeit innovativer Unternehmen, sich mit Eigenkapital auszustatten und ihre Tätigkeit aufzunehmen, die lokale öffentliche Entscheidungsträger dazu veranlasst, mit Investitionskapital einzugreifen, um sie finanziell zu unterstützen. Und mit dieser Intervention wollen sie die Entwicklung und die Wettbewerbsfähigkeit ihrer Räume unterstützen.

B-Innovation und Wettbewerbsfähigkeit der Gebiete

Die Arbeiten von Depret et *al.* (2010/3) zeigen, dass die öffentlichen Entscheidungsträger im Namen der wirtschaftlichen Herausforderungen der unternehmerischen Innovation in die Finanzierung innovativer Unternehmen eingreifen, indem sie dedizierte proximity investment funds einrichten.

Florida und Kenney (1988) zeigen, dass es einen Zusammenhang zwischen Risikokapital, Hochtechnologie (oder Innovation) und regionaler Entwicklung gibt, und weisen darauf hin, dass Risikokapital eine wichtige Rolle bei der Entwicklung von Technologie und Innovation spielt. Die regionale Wirtschaftsentwicklung sei eine Folge der Entwicklung eines lokal verwurzelten Netzes junger, innovativer Unternehmen. In ihrer Schlussfolgerung argumentieren sie, dass unternehmerische Innovation ein Vektor fur die wirtschaftliche Wettbewerbsfahigkeit ist.

Beylat et *al.* (2013) weisen in ihrem Bericht auf die zentrale Bedeutung der Innovation in modernen Volkswirtschaften hin. Im Falle Frankreichs steht die Innovation im Mittelpunkt des Kampfes um seine Wettbewerbsfahigkeit. Auf der Ebene der Europäischen Gemeinschaft sind die Auswirkungen der neuen europäischen Strategie zur regionalen Wirtschaftsentwicklung [(Jurgensen (2007)] und die Finanzinstrumente, die zur Förderung der Umsetzung dieser Strategie angenommen wurden, nicht zu übersehen. Kahn (2007) weist darauf hin, dass "unter dem Druck der zunehmenden Territorialisierung wirtschaftlicher Aktivitaten (Globalisierung) und im Bewusstsein der Grenzen des fruheren Systems der erweiterten Union die Europaische Union mit dem Zeitraum 2007-2013 [56] eine neue Epoche des gemeinschaftlichen Interventionismus eroffnet".

---

[6] Nach Angaben des Cget erstreckt sich die aktuelle Planung der europäischen Strukturfonds auf den Zeitraum von 2014 bis 2020. Die neue Programmierung wird den Zeitraum 2021-2027 abdecken.

Die bekannte Konsequenz dieser neuen Ära ist die Einrichtung der sogenannten europäischen Strukturfonds, die von den Regionen der Mitgliedsstaaten zur Finanzierung ihrer wirtschaftlichen Entwicklungsprojekte mobilisiert werden können.

Kurzum, die wirtschaftlichen Interventionen der Gebietskörperschaften sollen ein festgestelltes Marktversagen korrigieren [(Kouevi (2003)], das der Gründung und Entwicklung innovativer Unternehmen in den Gebieten, die das Wachstum [(Geay (2007)] und die Schaffung von Arbeitsplätzen tragen, abträglich ist.

Schlussfolgerung

Wir schließen diesen Abschnitt mit Touati (1999) ab, der erklärt, dass regionale öffentliche Investitionsfonds (lokal oder regional) leichter zugänglich sind und flexiblere Bedingungen haben, weil der öffentliche Anteilseigner zwei Vorteile hat: Er muss nicht um jeden Preis Gewinne erzielen, aber er kann auch eine gewisse Geduld bewahren. Die lokalen oder regionalen öffentlichen Investitionsfonds ergänzen also die traditionellen Finanzierungsangebote für Unternehmen, haben aber nicht den Anspruch, diese zu ersetzen oder gar mit ihnen zu konkurrieren.

Die wirtschaftlichen Herausforderungen der Innovation für die Regionen, die sich aus dem Eigenkapitalbedarf innovativer Unternehmen ergeben, für die der Privatsektor keine zufriedenstellende Lösung bietet, öffnen die Tür für die Einrichtung einer eigenen Risikokapitaltätigkeit der Regionen. Diese Möglichkeit wurde durch die sogenannten Gesetze zur Gebietsreform eingeschränkt. Wie steht es mit der Finanztechnik, die zur Einrichtung dieser Aktivität angenommen wurde?

Teil 2

Analyse der Finanztechnik von Private-Equity-Fonds, die den Regionen Frankreichs eigen sind: ein illustrativer Fall der Region d'Ile-de-France

Einführung

In diesem zweiten Teil geht es darum, die Finanzierungsquellen der territorialen öffentlichen Investitionsfonds zu identifizieren. D.h. es soll untersucht werden, woher die Ressourcen йпапаёгез stammen, die von den Rёgions de France mobilisiert wurden, um ihre Risikokapitalfonds zu bilden. Mit anderen Worten, die Frage, auf die wir Antworten suchen, lautet: Welche Finanztechnik wurde von den Rёgions de France übernommen, um ein Private-Equity-Angebot auf der Ebene ihrer Gebiete aufzubauen?

Wir werden auch einen Fokus auf ihre Partner in der ёkonomischen Materie legen. Zu diesem Zweck haben wir das gleiche Forschungsgebiet wie bei unserer Abschlussarbeit beibehalten,sowie die von uns angewandte Mёthodologie (deskriptive explorative Analyse, Leitfadeninterviews[7] , Auswertung der von der Rёgion d'lle-de-France erhaltenen Dokumente und der Internetseiten der betreffenden Fonds), ё da es darum geht, die Kommunikation über die geleistete Arbeit fortzusetzen.

Die Arbeiten von Jegourel (2015) haben es ermöglicht, die Rolle der öffentlichen Akteure bei der Finanzierung der französischen Wirtschaft neu zu bewerten. Sie betonen, dass "die Finanzierung von Innovation der Dreh- und Angelpunkt der Politik zur Unterstützung des Wirtschaftswachstums ist". Sie beleuchten somit die regionalen Maßnahmen und Systeme zur Unterstützung von Unternehmen und zur Finanzierung unternehmerischer Innovation in Frankreich. Lange zuvor haben die Arbeiten von Spieser (2008) eine Analyse der sogenannten europäischen Strukturfonds ermöglicht. Daraus geht hervor, dass die Fonds ein Bollwerk gegen Standortverlagerungen darstellen und insbesondere eine Umstrukturierung der Wirtschaft der Mitgliedstaaten ermöglichen sollen. In diesem Sinne hat die Einrichtung der europäischen Fonds, die von den subnationalen Gebieten der Mitgliedstaaten mobilisiert werden können, den Zweck, die definierten wirtschaftlichen Ziele zu erreichen.

Um diese Arbeit wiederzugeben, gibt es zwei zentrale Punkte. In the first, we address generally, the origin of the iinancered resources that feed the regionalized public investment funds. Dann,

---

[7] Siehe Tchemena (J) (2019), *L'emergence en France d'une activite de capital-investissement propre aux Regions: le cas de la Region d'Ile-deFrance*, threse de Doctorate in Business Administration (DBA), Universite de Nice Sophia Antipolis, IAE de Nice, 26 fevrier 2019, Anhänge Nr. 4, 5 und 6.

mit dem illustrativen Fall der Rëgion d'Ile-de-France, liefern eine Wahrnehmung der praktischen Realitat des Analysegebietes.

I - Herkunft der finanziellen Ressourcen der Private-Equity-Fonds, die den Region de France eigen sind

D'après la litterature, le financement de l'activité de capital-investissement propre aux Rëgions de France provient de deux sources: une source interne principalement issue du partenaire institutionnel des Rëgions de France, la CDC. Eine gemeinschaftliche Quelle, es handelt sich insbesondere um die sogenannten europäischen Strukturfonds, die von den Regions de France für die Finanzierung ihrer wirtschaftlichen Entwicklungsprojekte mobilisiert werden können.

A-Finanzielle und oder institutionelle Partner

Die Arbeiten von Dubocage und Rivaud-Danset (2003), lehren, dass die Caisse des depots et consignations ein wichtiger öffentlicher Akteur bei der Entwicklung des französischen Risikokapitals in seiner Gesamtheit ist.

En suivi cette logique, nous ont observe avec les dispositions de l'article L.518-2 modifiees par la loi de modernisation de l'economie de 2008 que, "La Caisse des depots et consignations et ses filiales constituent un groupe public au service de l'interet général et du developpement economique du pays. Die Gruppe erfüllt Aufgaben von allgemeinem Interesse zur Unterstützung der vom Staat und den Gebietskörperschaften betriebenen öffentlichen Politik und kann wettbewerbsorientierte Tätigkeiten ausüben. [...] Die Caisse des Depots et Consignations ist ein langfristiger Investor und trägt unter Wahrung ihrer Vermögensinteressen zur Entwicklung der Unternehmen bei."

Laut der Association des regions de France sind die Partner der Regionen im Bereich der Wirtschaftsentwicklung: die Departements, die Interkommunalen, die lokalen Gebietskörperschaften, die Gewerkschaften, die Arbeitgeberorganisationen, die Vereine, die lokalen Privatbanken, die Konsularischen Gesellschaften und die regionale Vertretung der Dreets.

B-Europäische Strukturfonds, die mobilisiert werden können

Spieser (2008) stellt fest, dass "der wirtschaftliche und soziale Zusammenhalt dennoch als zentrales Ziel der Union bekräftigt wird, obwohl die Verträge hinsichtlich der Beziehung zwischen wirtschaftlichen und sozialen Aspekten mehrdeutig bleiben. Die Politik mit explizit umverteilendem Charakter soll aufgrund der administrativen und budgetären Kapazitäten, die sie erfordert, und der Förderkriterien, die definiert werden müssen, im Wesentlichen das Monopol der Nationalstaaten in Europa bleiben.

Im Anschluss an diese Klarstellung stellt sie fest: "Die Originalität der Regionalpolitik ist zweifach. Einerseits stellt sie die beste Annäherung an eine véritable Politik der ёkonomischen und sozialen Entwicklung auf europäischer Ebene dar, eine Politik, die sich auf öffentliche Investitionen, die einen erheblichen Teil des EU-Haushalts ausmachen, und auf eigene Finanzinstrumente, die Strukturfonds, stützt."

Unter diesen gemeinschaftlichen Finanzinstrumenten können wir also die europäischen Fonds einordnen, die von den Régions de France, wie im Übrigen auch von allen anderen europäischen Regionen, für die Finanzierung ihrer Projekte zur ёkonomischen Entwicklung mobilisiert werden können. Es sei an dieser Stelle daran erinnert, dass wir uns im Rahmen dieser Arbeit auf den singulären französischen Kontext konzentrieren, angesichts des eigentlichen Titels unserer Forschungsthematik. Daher stellt die folgende Tabelle 1 die Frankreich zugewiesenen Mittel aus den sogenannten europäischen Strukturfonds für den Zeitraum 2014-2020 dar.

Tabelle 1: **Europäische Strukturfonds in Frankreich (2014-2020)**

26 Millionen Euro, die sich wie folgt aufschlüsseln:			
ELER	EFRE	ESF	EMFF
11,4 Milliarden Euro	9,5 Milliarden Euro	6,5 Milliarden Euro	588 Millionen Euro

Quelle: nach, Cget (2016)

1-Europäische Fonds zur Unterstützung der Politik des wirtschaftlichen, sozialen und territorialen Zusammenhalts

Es handelt sich dabei um den EFRE und den ESF, die aus der europäischen Politik des wirtschaftlichen, sozialen und territorialen Zusammenhalts hervorgegangen sind und von den Regionen in Frankreich oder den Regionen in der EU zur Finanzierung ihrer wirtschaftlichen Entwicklungsprojekte mobilisiert werden können.

a-Der EFRE

Was den EFRE betrifft, so "ist er dazu bestimmt, territoriale Ungleichheiten innerhalb der europëischen Union zu bekämpfen" (Cget, 2016). Die folgende Tabelle 2 bietet eine Svntliese der charakteristischen Merkmale des EFRE.

Tableau 2 : **Charakteristische Merkmale des EFRE**

Der EFRE	Ziel	Zugewiesener Finanzrahmen für Frankreich	Bereiche und Interventionen Aufteilung des Finanzrahmens	Hauptthemen	Behörde für Verwaltung	Repartitio des investitionen nach art der regionen
Der EFRE ist ein Instrument der europäischen Politik des wirtschaftlichen, sozialen und territorialen Zusammenhalts. Den Zusammenhalt stärken die wirtschaftliche, soziale und territoriale Entwicklung in der Europäischen Union	Verbessern 1 territoriale Attraktivität für besser kämpfen gegen die Regionale Ungleichheiten in der EU europäische	9, 5 Milliarden	^ Investitionen in Wachstum und Beschäftigung: den Arbeitsmarkt und die regionale Wirtschaft zu stärken **8,4 Milliarden Euro** ^ Territoriale Zusammenarbeit europäische/Unterstützung der Kohäsion in der1 Europäischen Union durch eine grenzüberschreitende Zusammenarbeit, transnational und interregional **1, 1 Milliarde Euro**	^ Stärkung von Forschung, technologischer Entwicklung und Innovation ; ^ Verbesserung des Zugangs zu Informations- und Kommunikationstechnologien (IKT), ihre Nutzung und ihre Qualität ; ^ Stärkung der Wettbewerbsfähigkeit von KMU ; ^ Unterstützung des Übergangs zu einer Wirtschaft mit geringem CO_2-Ausstoß in allen Sektoren; Unter Berucksichtigung der territorialen Besonderheiten.	Regionalräte[8] Der Staat (für Mayottes, Saint-Martin, und der nationales Programm für technische Hilfe Europ'Act)	80% in den am meisten entwickelten Regionen 60% in Übergangsregionen 50% in den am wenigsten entwickelten Regionen

---

[8] Im Rahmen des Gesetzes MAPTAM übernehmen die Regionalräte die Verwaltung des EFRE: Loi n°2014-58 du 27 janvier 2014 de modernisation de 1 action publique territoriale et 1 affirmation des metropoles, JO du 28 janvier 2014, p. 1562.

| durch die Unterstützung von Entwicklung die Ausgewogenheit seiner Regionen. | | | | | | | |

Quelle: l'Autor, nach. http://www.europe-en-france.gouv.fr/

b-Der ESF

D'apres le Cget (2016), "les Etats membres de l Union Европёенпе ont adoptё en 2010 la stratёgie 2020 pour une croissance intelligente, durable et inclusive". Hierzu haben wir analysiert und schlagen in der nachfolgenden Tabelle 3 eine Zusammenfassung der charakteristischen Merkmale des ESF vor.

2-Europäischer Fonds zur Unterstützung der Politik zur Entwicklung des ländlichen Raums

Auch die ländlichen Gebiete werden nicht vernachlässigt. Das Finanzinstrument der europëischen Politik, das von diesen Gebieten mobilisiert werden kann, ist der ELER. Es handelt sich dabei um ein Finanzinstrument, das aus der europäischen Politik zur Entwicklung des ländlichen Raums hervorgegangen ist (Cget, 2016). Tabelle 4 bietet eine Synthese seiner charakteristischen Merkmale.

Tableau 3 : Charakteristische Merkmale des ESF

Der ESF	Ziel	Zugewiesener Finanzrahmen für Frankreich	Hauptthemen	Verwaltungsbehörde	Kofinanzierungsrate der ESF-Mittel nach Art der Region
Der ESF ist ein Instrument der europaischen Politik des sozialen und territorialen Zusammenhalts. bessere Arbeitsplatze zu finden und die ausgewogenere berufliche Perspektiven für alle Unionsbürgerinnen und -bürger europäisch.	Erleichterung des Zugangs zur Beschäftigung und Verbesserung der Ausbildung	6,5 Milliarden von Euro	^ Förderung der Gleichberechtigung und Unterstützung der Arbeitsmobilität ; ^ Förderung der sozialen Eingliederung und Bekämpfung der Armut; ^ Investieren Sie in Bildung, Qualifikationen und lebenslanges Lernen; ^ Stärkung der institutionellen Kapazitäten und Kanalisierung der Effizienz der öffentlichen Verwaltung.	^ 65% geressiert durch l'Staat ^ 35% verwaltet von den Regionalräte	^ 50% in den Regionen entwickelt ; ^ 60% in den Regionen in Übergang ; ^ 85% in den am meisten besuchten Regionen entwickelter.

Quelle: l'Autor, nach. http://www.europe-en-france.gouv.fr et Cget (2016)

Tableau 4 : Charakteristische Merkmale des ELER

Der ELER	Ziel	Enveloppe alloueeala Frankreich	Thematische Schwerpunkte der Intervention	Die Programme	Verwaltungsbehörde
Finanzinstrument derPolitik europeenne de ländlichen Entwicklung trägt der ELER zum Entwicklung des ländlichen Raums und der Land- und Forstwirtschaft mehr Gleichgewicht, mehr resilientface to Klimawandel, mehr wettbewerbsfähig und mehr innovativ.	Entwickeln Sie die Aktivitäten in der Landwirtschaft und im ländlichen Raum, Die Umwelt und die Lebensqualität erhalten.	11,4 Milliarden von Euro	^ Niederlassung von Junglandwirten ; ^ Zahlungen für Gebiete mit natürlichen oder spezifischen Einschränkungen ; ^ Agrarumwelt- und Klimamaßnahmen, Unterstützung für den ökologischen Landbau und Zahlungen im Rahmen von Natura 2000 und der Wasserrahmenrichtlinie; ^ Investitionen in die Land-, Agrar- und Ernährungswirtschaft sowie in die Forstwirtschaft.	^ 27 Programmevon ländliche Entwicklung regional ; ^ 2 Programme nationalen.	Regionalräte für alle Regionen in Frankreich. Ausnahme: a la Reunion, le Departement und a Mayotte, 1 Etat.

Quelle: l'Autor, nach. http://www.europe-en-france.gouv.fr/ et Cget (2016)

3-Europäischer Fonds zur Unterstützung der Fischereipolitik und der maritimen Angelegenheiten

Der EMFF wird im Rahmen der Gemeinsamen Fischereipolitik und der Integrierten Meerespolitik eingesetzt. Im Zeitraum 20142020 beläuft sich die Mittelausstattung des EMFF allouée a la

France ëlɔк auf 588 Millionen Euro. Das Finanzinstrument EMFF soll Fischern und Fischzüchtern helfen, nachhaltige Praktiken einzuführen; der cȏtiërischen Bevölkerung helfen, ihre wirtschaftlichen Aktivitäten zu diversifizieren und Projekte zu finanzieren, die Arbeitsplätze schaffen und die Lebensqualität entlang der gesamten europäischen Küste verbessern sollen.

Der EMFF wird дёrё von der Direction des peches maritimes et de 1 aquaculture du mmistёre de 1 environnement, de l^nergie et de la mer (Direktion für Seefischerei und Aquakultur des Ministeriums für Umwelt, Energie und Meer) verwaltet. Den Küstenregionen wird jedoch eine Delegation für die Verwaltung bestimmter Maßnahmen im Rahmen des EMFF eingeräumt.

II - Illustrativer Fall der Region Ile-de-France

Zur symbolischen Veranschaulichung präsentieren wir nachfolgend eine Karte der Rёgion d'Ile-de-France. Wir beschränken uns daher darauf, die Grundzüge dieser großen französischen Region darzustellen, um dann zum Wesentlichen zu kommen, d.h. zur Analyse der Herkunft der finanziellen Ressourcen, aus denen die Private-Equity-Fonds der Ile-de-France gespeist werden.

A-Präsentation der Region Ile-de-France

<u>Karte:Region He-de-</u>

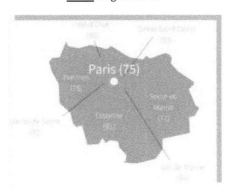

Frankreich

Quelle: ARF

Die folgende Tabelle 5 zeigt die Region Ile-de-France in groben Zügen.

<u>Tabelle 5</u>: **Grundzüge der Region Ile-de-France**

Region d'Ile-de-France	Elemente der Rechtfertigung

Erste Region Europas nach ihrem Reichtum	^ 1/3 des in Frankreich geschaffenen Wohlstands
	^ Erste französische Industrieregion nach Anzahl der Beschäftigten
	Φ 2. größte Region Europas und 5. größte Region der Welt in Bezug auf F&E-Ausgaben mit 39% der inländischen F&E-Ausgaben Φ 4. größte Dienstleistungswirtschaft der Welt
Finanzplatz mit internationaler Dimension	^ 23 der 500 größten multinationalen Unternehmen der Welt haben ihren Hauptsitz in Paris.
	^ Sitz von 40 Kapitalbeteiligungsfonds, die Start-ups unterstützen. Zur Erinnerung: In London gibt es 37 und in Frankfurt 23.
Leistungsfähige Infrastruktur	^ Drei internationale Flughäfen Orly, Roissy und Le Bourget ^ Sieben TGV-Bahnhöfe und 47 Millionen Touristen
Infrastruktur von Unternehmen attraktiv	Φ 52, 6 Millionen Quadratmeter Bürofläche
	Φ 17 Millionen Quadratmeter Lagerräume
	^ 680.000 Quadratmeter Ausstellungsfläche
	^ La Defense, ein Geschäftsviertel von europäischem Rang
Höhere Bildung und suche nach weltberühmtheit	^ 25% der französischen Studierenden
	^ 7 Wettbewerbspole
	Φ 17 Universitäten, 12 große Einrichtungen und 7 medizinische Fakultäten, fast 80 Ingenieur-, Wirtschafts- und Managementschulen, Kunst- und Architekturschulen und Hunderte von Ausbildungsgängen für höhere Techniker und im Gesundheitswesen
	^ 40% der französischen Forscher befinden sich in der Region He-de-France
Dynamische Erwerbsbevölkerung	Φ 350.000 Einreisende jedes Jahr
	^ 6,1 Millionen Arbeitsplätze
	^ 24% der Arbeitsplätze in Frankreich

Quelle: l'Autor, nach Region d'He-de-France (2017) und CeseR d'He-de-France

B-Analyse der Herkunft der finanziellen Ressourcen, die in die Fonds der Region Ile-de-

France fließen In diesem Abschnitt untersuchen wir die Herkunft der finanziellen Ressourcen, die in die Fonds fließen, die ganz oder teilweise der Region Ile-de-France gehören. Dabei handelt es sich um : Scientipole capital, Ile-de-France capital, le Fonds regional de co- investissement, Capdecisif, Equisol, Financites, le Fonds Quartiers, le Fonds Alter Equity und leFonds UICER.

Aus der Zusammenfassung der über jeden dieser Fonds gesammelten Informationen und den Gesprächen mit den Verantwortlichen der Region haben wir (für jeden Fonds) einen Steckbrief erstellt, der folgende Angaben enthält

Die folgenden Hauptmerkmale sind zu nennen: Identität; Finanzierungsquellen (je nach Fall die mobilisierten EFSI-Finanzierungsinstrumente); Interventionsphasen; Interventionsmodalitäten und -ticket; Ziel und Verfahren für die Beantragung von Finanzmitteln. Die Blätter 1 bis 9 berichten über die wahrnehmbare Leasingarität jedes Fonds.

1- Steckbrief des Fonds Ile-de-France Capital

Identität	SAS (Societe par Action Simplifiee) - SCR (Societe de Capital Risque) gegründet 1995, spezialisiert auf die Entwicklung und Übernahme von kleinen und mittelständischen Unternehmen in der Region Ile-de-France.
Finanzierungsquellen/Aktionäre	Region d'De-de-France, CCI Paris Ile-de-France, CCI de l'Essonne. SCRs und Versicherungen (Bred, BP Rives de Paris, BP Val de Marne, Bpifrance, Caisse d'epargne, Credit mutuel, Credit Agricole, Dexia Credit local, CIC, ESFIN, Finama, Imërio, Natixis Private Equity, Brie Picardie Expansion, Revital'Emploi. Und Industrieunternehmen: Aëroports de Paris, Industries Marcel Dassault, Francois Lacoste.
Phasen der Intervention	Entwicklungskapital und Übertragungskapital
Modalität und Ticket der Intervention	Ile-de-France Capital interveniert ausschließlich mit Eigenkapital und Quasi-Eigenkapital durch Aktien, Wandelanleihen und seine dërivës. Möglichkeit der Übernahme einer Minderheitsbeteiligung (40%) an jedem KMU der Ile-de-France. Von 100.000€ bis 1.000.000€.
Ziel	KMU/KMI der Ile-de-France in Entwicklung/Übertragung (Fonds gënëraliste mit Schwerpunkt Industrie und Dienstleistungen für die Industrie)
Zu befolgende Schritte	Senden Sie den Businessplan an contact@idfcapital.fr

Quelle: l'Autor, nach. www.idfcapital.fr

Aus dieser Zusammenfassung geht hervor, dass der Fonds Ile-de-France capital 1995 in Form einer SAS ëlë crë ërë wurde. Der Fonds interveniert in den Phasen der Entwicklung und Übertragung von Sikree-Unternehmen in der Region Paris. Seine finanziellen Mittel stammen von der Rëgion d'Ile-de-France, Bpifrance, der CCI Paris Ile-de-France, derCCI Essonne, lokalen SCRs, lokalen Versicherungsgesellschaften und Privatbanken.

2- Steckbrief des Fonds Scientipôle capital

Identität	SCR - SAS wurde 2006 gegründet und ist auf die Förderung von neugegründeten Unternehmen in der Region Ile-de-France spezialisiert. Sie ist ein Unternehmen, das sich auf die Schaffung von Arbeitsplätzen durch unternehmerische Innovation spezialisiert hat.
Finanzierungsquellen/Aktionäre	Die Region Ile-de-France, die Caisse d'Epargne d'Ile-de- France, die Banque Populaire Val de France, die Credit Agricole d'Ile-de-France, die Bpifrance, Revital Emploi, Malakoff Mederic, Alize Innovation und die Banque Populaire Rive de Paris.
Phasen der Intervention	Kapital-amorgage
Modalität und Ticket der Intervention	Eine breite Palette von Instrumenten: Aktien, Wandelanleihen und Beteiligungsdarlehen in Zusammenarbeit mit *Business Angels* und anderen Startkapitalfonds der Region Paris. Von 200.000 bis 1.000.000€.
Ziel	JEI aus der Region Paris (weniger als 8 Jahre alt) in der Startphase oder in der Gründungsphase
Zu befolgende Schritte	Senden Sie den *Businessplan* an fcadereau@,scientipolecapital.fr

Quelle: l'Autor, nach. www.scientipolecapital.fr

Der Fonds Scientipole Capital ist eine 2006 gegründete CSR in Form einer SAS (Aktiengesellschaft). Er investiert in die Finanzierung von innovativen Jungunternehmen (JEI) in der Region Paris. Seine finanziellen Mittel stammen von der Région d'Ile-de-France und von Bpifrance. Zu diesen beiden institutionellen Investoren gesellten sich lokale Versicherungsgesellschaften und Privatbanken.

3- Steckbrief des Capdécisif-Fonds

Identität	Der 2011 gegründete Fonds Professionnel de Capital Investissement (FPCI) (3e generation) ist ein Upstream-Investmentfonds für Unternehmen mit hohem Wachstumspotenzial in der Region Ile-de-France, der auf die öffentliche Forschung ausgerichtet ist. instrois Sektoren: die CleanTech/Biotech/ICT/Softs
Finanzierungsquellen/Aktionäre	Region d'Ile-de-France, Bpifrance, SHAM, BNP Paribas, Agrica Pathners, Revital'Emploi
Phasen der Intervention	Amortisationskapital und Risikokapital
Modalität und Ticket der Intervention	Von 500.000€ bis 2.500.000€. Mehrere Finanzierungsrunden möglich
Ziel	Technologieorientierte Unternehmen aus der Region Paris auf der Suche nach ihrer ersten institutionellen Investition
Zu befolgende Schritte	Senden Sie den *Businessplan* an bp@.capdecisif.com

Quelle: l'Autor, nach. www.cap-decisif.com

Diese Kurzbeschreibung enthält im Wesentlichen folgende Informationen: Der Fonds Capděcisif ist ein 2011 aufgelegter Investmentfonds der 3^e Generation. Dieser Fonds ist auf Unternehmen mit hohem Wachstumspotenzial in der Region Paris ausgerichtet. Seine finanziellen Mittel stammen von der Region Ile-de-France, Bpifrance, SHAM, BNP Paribas, Agrica Pathners und Revital'Emploi.

4- Steckbrief des Equisol-Fonds

Identität	Diese Genossenschaft wurde 2009 auf Initiative der Region Ile-de-France, der Creditcooperatif, von Gegenseitigkeitsgesellschaften und solidarischen institutionellen Anlegern gegründet, um ESS-Organisationen in der Region Ile-de-France mit Eigenkapital zu unterstützen.
Finanzierungsquellen/Aktionäre	Region d'Ile-de-France, ESFIN Participations, Bpifrance, coopërative Banken, darunter credit coopëratif.
Phasen der Intervention	Entwicklungs- und Übertragungskapital
Modalite et ticlket d'intervention	Einbringung von Eigenkapital. 50.000€ a 200. 000€
Ziel	Strukturen der Sozial- und Solidarwirtschaft (ESS)
Zu befolgende Schritte	Senden Sie den *Businessplan* an esfin-gestion@esfingestion.fr

Quelle: l'Autor, nach http://www.esfmgestion.fr

Aus dieser Karteikarte geht hervor, dass der Fonds Equisol eine coopëraйye Private-Equity-Gesellschaft ist, die 2009 gegründet wurde, um Eigenkapital in Strukturen der Sozial- und Solidarwirtschaft (ESS) in der Region Ile-de-France zu investieren. Er interveniert in den Bereichen c;ipit;ii-ck'veioppement und capitaltransmission. Seine finanziellen Ressourcen stammen von der Rëgion d'Ile-de-France, Bpifrance, ESFIN Participations, den lokalen Genossenschaftsbanken, darunter Credit Cooperative.

5- Steckbrief des Financités-Fonds

Identität	Internationale Solidaritätsorganisation (ISO), die 2006 gegründet wurde, um durch die Entwicklung von Mikrofinanzierungen die Armut zu bekämpfen.
Finanzierungsquellen/Aktionäre	CDC, **Region d'Ile-de-France**, HSBC, BNP Paribas, CNP Versicherungen
Phasen der Intervention	Erstellung
Modalität und Ticket der Intervention	Eine Reihe von Dienstleistungen für Akteure im Bereich der Mikrofinanzierung, die dazu beitragen, den Zugang zu Finanzdienstleistungen für arme Bevölkerungsgruppen, die vom Bankensystem ausgeschlossen sind, zu verbessern. Von 5.000€ bis 100.000€.
Ziel	Träger von Unternehmensprojekten, die in den vorrangigen Stadtvierteln der Stadtpolitik oder in sensiblen städtischen Gebieten (ZUS) ansässig sind
Zu befolgende Schritte	Formulara ausfüllenverfügbar unter unter online unter http://www.financites.fr/nous-contacter/

Quelle: l'Autor, nach. www.financites.fr

L'on observe à partir de cette fiche signale que, le fonds Financites est une OSI fondée en 2006 pour lutter la pauvreté par le développement de la microfinance (octroiie de micro-credits) dans les territoires prioritaires des politiques de la Ville. Ihre finanziellen Mittel stammen von der Region Ile-de-France, der CDC, HSBC, BNP Paribas und CNP assurances. Es wurde uns (in unseren Gesprächen) mitgeteilt, dass der Fonds ausläuft und mit der Zeit durch den Fonds Quartiers ersetzt wird.

6-Steckbrief des Fonds Regional de Co-Investissement (FRCI)[9]

Identität	SAS - SCR wurde 2011 gegründet und ist ein regionaler Fonds für Ko-Investitionen in Eigenkapital oder Quasi-Eigenkapital zur Finanzierung von KMU in der Region Ile-de-France.
Finanzierungsquellen/Aktionäre	Region d'Ile-de-France, mit einer Mobilisierung des EFRE
Phasen der Intervention	Gründungs- und Erstentwicklungskapital
Modalität und Ticket der Intervention	Co-Investitionen mit dem *Business Angels-Netzwerk* der Ile-de-France, Plattformen für Beteiligungsfinanzierung und privaten Investmentfonds Von 50.000 bis 5.000.000€.
Ziel	KMU innovativ in amortisierung. creation oder erste Entwicklung
Zu befolgende Schritte	Senden Sie den *Businessplan* an bp@capdecisif.com
Quelle: Der Autor, nach www.frci-id-.com	

Aus der Karteikarte entnehmen wir, dass der regionale Co-Investitionsfonds der Rëgion d'Ile-de-France im Jahr 2011 crëë ist. Er beteiligt sich mit Eigenkapital und Quasi-Eigenkapital an KMU in der Region Ile-de-France für ihre Gründung oder ihre erste Entwicklung. Seine Ressourcen йпапаёгез stammen aus der Rëgion d'Ile-de-France mit einer Mobilisierung des EFRE.

---

[9] Laut der Website <1ёдпё zum Fonds wurde seit November 2017 der Fonds Regional de Co-Investissement (FRCI) de la Region d'Ile-de-France in *Paris Region Venture Fund* umbenanntë und sein Kapital auf 50 Mio. € potenziert.

7- Steckbrief des Quartiersfonds

Identität	National ausgerichteter Investmentfonds, der mit 50.000.000 € ausgestattet ist und in der Region präsent ist. Der Fonds wurde im März 2017 aufgelegt. Er ist auf die Stärkung der Präsenz von Franchise-Geschäften in den 1500 vorrangigen Stadtvierteln der Stadtpolitik ausgerichtet. Der Fonds wird von IMPACT Partenaires verwaltet, einer Verwaltungsgesellschaft mit sozialer Ausrichtung.
Finanzierungsquellen/Aktionäre	Staat, Region Ile-de-France, CNAM, Federation Francaise de la Franchise (FFF), JP Morgan Chase Foundation, Bpifrance, Fonds de Fonds de Quartiers Prioritaires (FFQP), Fonds Europeen d'Investissement (FEI), BNP Paribas, Francaise des Jeux.
Phasen der Intervention	Gründung und Übernahme eines Unternehmens
Modalität und Ticket der Intervention	Quasi-Eigenkapitalintervention in Ergänzung zu Bankschulden für die Schaffung neuer Geschäftsstandorte. Investitionsticket von 500.000 € bis 5.000.000 € und 6 Monate technische Unterstützung.
Ziel	Projektträger von Geschäften, die in den vorrangigen Vierteln der Stadtpolitik angesiedelt sind.
Zu befolgende Schritte	Formular online verfügbar unter : http://www.toute-la-franchise.com/contact.php

Quelle: l'Autor, nach. http://www.toute-la-franchise.com et www.impact.fr/creation

Der Fonds Quartiers wurde 2017 eingerichtet, um die Entstehung von Nachbarschaftsgeschäften in den vorrangigen Vierteln der Stadtpolitik zu fördern. Die finanziellen Mittel des Fonds Quartiers stammen u.a. vom Staat, der Rëgton d'Ile-de-France und dem franzosischen Franchise-Verband.

8- Steckbrief des Alter Equity Fonds

Identität	Professioneller Kapitalbeteiligungsfonds (FPCI) mit nationaler Ausrichtung und einer Präsenz in der Region Ile-de-France. Der Fonds verfügt über ein Volumen von ca. 41.000.000 €. Er wurde 2014 aufgelegt und ist für die Finanzierung von KMU mit positiven sozialen Auswirkungen bestimmt.
Finanzierungsquellen/Aktionäre	Region Ile-de-France, Credit Agrica, die Confederation francaise democratique du travail (cfdt), Agrica und Idenvest
Phasen der Intervention	Entwicklungskapital (Capital développement)
Modalität und Ticket der Intervention	Übernahme von Minderheits- oder Mehrheitsbeteiligungen am Kapital von KMU von 500.000 bis 5.000.000 €.
Ziel	KMU mit positiven sozialen Auswirkungen und einem Umsatz von mehr als 1 Milliarde € mit hohem Wachstumspotenzial
Zu befolgende Schritte	Senden Sie den *Businessplan* an contact@alter-equity.com Formular online verfügbar unter www.alter-equity.com

Quelle: l'Autor, nach. www.alter-equity.com

Wir entnehmen dieser Karteikarte, dass, der Alter Equity Fund im Jahr 2014 cree wurde. Dieser national ausgerichtete Fonds ist mit ca. 41.000.000€ ausgestattet und investiert in Kapital - Entwicklung. Er ist auf KMU mit positiven sozialen Auswirkungen ausgerichtet. Seine finanziellen Mittel stammen aus Preisgeldern, die von Unternehmern, den Rëgions de France (die Rëgion d'Ile-de-France hat ihn mit 2.000.000€ unterstützt), dem cfdt, Credit Agricole, Agrica und Idenvest gesammelt werden.

9- Steckbrief des Fonds l'UICER[10]

Identität	Im Jahr 2014 aufgelegter Investmentfonds. Auf nationaler Ebene mit Fonds, die sich auf Investitionen in französische Small Caps spezialisiert haben. Auf regionaler Ebene werden drei Regionalfonds aufgelegt, die jeweils den Westen, den Osten, die Ile-de-France und die Hauts-de-France abdecken.
Finanzierungsquellen/Aktionäre	Fonds privds mit einer Beteiligung der Region d'Ile-de- France oder mit einer Beteiligung der Regionen, oder die UI gewährleistet eine territoriale Abdeckung.
Phasen der Intervention	Entwicklungs- und Übertragungskapital
Modalität und Ticket der Intervention	Unternehmen mit hohem Entwicklungspotenzial in den Bereichen Industrie, Ausrüstung, Gesundheit und Agrobusiness. 300.000€ a 2.000. 000€
Ziel	Unternehmen mit einer Bewertung von 3.000.000 bis 15.000.000€ für regionale Fonds; von 15.000.000 bis 75.000.000€ für nationale Fonds; bis zu 75.000.000€ für sektorale Fonds.
Zu befolgende Schritte	Senden Sie den *Businessplan* an contact@uigestion.fr

Quelle: l'Autor, nach. www.uigestion.com

Der UICER-Fonds wurde im Jahr 2014 cree und ist in der Entwicklung und Übertragung von Unternehmen tätig. Seine finanziellen Ressourcen stammen aus privaten Mitteln mit einer Beteiligung der Rëgion d'Ile-de-France für den Teil der Aktivitäten dieses Fonds, die auf dem Gebiet der Ile-de-France durchgeführt werden. Ausgehend von der Herkunft der finanziellen Ressourcen, die in die Private-Equity-Fonds der Region Ile-de-France fließen, werden verschiedene Finanzkonstruktionen mit unterschiedlichen Partnern beobachtet. Wir stellen fest, dass diese Finanzkonstruktionen mit den aus der Literatur gewonnenen Erkenntnissen übereinstimmen. Der Fall der Rëgion dë Ile-de-France verdeutlicht dies. Schließlich stellt die folgende Skizze eine gënërische Wahrnemung der Rolle und der Interaktionen zwischen den Partnern der Rëgions de France dar.

---

[10] UI Gestion wurde im dritten Quartal 2020 zu UI Investissement.

Schema: Rolle und Interaktionen zwischen den Partnern in den Regionen Frankreichs

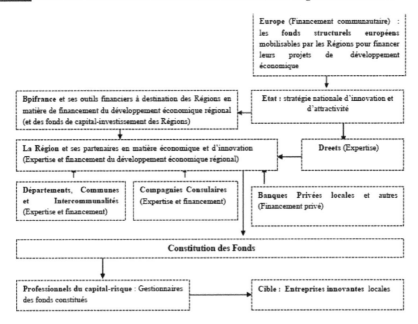

Europa (EU-Finanzierung): Die **europäischen Strukturfonds**, die von den Regionen mobilisiert werden können, um ihre Projekte zur wirtschaftlichen Entwicklung zu finanzieren.

Bpifrance und seine Finanzinstrumente für die Regionen im Bereich der Finanzierung der regionalen Wirtschaftsentwicklung (und der Private-Equity-Fonds der Regionen)

Die Region und ihre Partner im Bereich Wirtschaft und Innovation (Expertise und Finanzierung der regionalen Wirtschaftsentwicklung)

Staat: Nationale Strategie für Innovation und Attraktivität

Dreets (Expertise)

Departements, Gemeinden und   Interkommunale Organisationen
(Expertise und Finanzierung)

Compagnies Consulaires (Expertise und Finanzierung)

Lokale und andere Privatbanken (private Finanzierung)

Bildung von Fonds
Risikokapitalexperten: Manager der gegründeten Fonds

Zielgruppe: Lokale **innovative Unternehmen**

Quelle: 1Autor, nach 1Literaturanalyse

Schlussfolgerung

Wir stellen fest, dass die Expertise im Bereich der regionalen Wirtschaftsentwicklung von den Regionen und ihren Partnern (Departements, Handelskammern, Gemeinden und Interkommunalen, Dreets (dekonzentrierter Dienst des Staates...)) organisiert wird. Auf nationaler Ebene ist der Staat über die CDC mit ihren Tochtergesellschaften Bpifrance und Banque des Territoires der natürliche Finanzpartner der Regionen. Auf europäischer Ebene sind die europäischen Strukturfonds eine Finanzierungsquelle, die von den Regionen für ihre Projekte zur wirtschaftlichen Entwicklung mobilisiert werden kann. In einigen Fällen kommen zu diesen finanziellen und institutionellen Partnern auch lokale Privatbanken, Versicherungsgesellschaften und andere hinzu. Der illustrative Fall der Region Ile-de-France zeigt dies deutlich.

Allgemeine Schlussfolgerung

Unsere Forschungsarbeit lieferte ein umfassendes Raster zum Verständnis der Entstehung einer eigenen Risikokapitalaktivität der Rëgions in Frankreich. Sie ermöglichte es auch, die Interaktion zwischen den Wirtschaftspartnern der französischen Rëgionen aufzuzeigen. In diesem Zusammenhang haben wir, ausgehend von den aus der Literatur gezogenen Lehren, ëlaborë ein Raster zur praktischen Opërationalisierung der inventarisierten Erklärungsfaktoren ëberarbeitet. Der Fall der Rëgion d'Ile-de-France diente als empirisches Anschauungsfeld. Anhand der kombinierten Beobachtungen, die sich aus der Interpretation der leitfadengestützten Interviews oder der Analyse der Umfrageergebnisse ergaben, formulierten wir Empfehlungen für das Management, die in der nachfolgenden Tabelle zusammengefasst sind:

Zusammenfassung der Managementempfehlungen

Ausgehend von den Erkenntnissen aus der Literatur, der Zusammenfassung der explorativen Analyse, der Interpretation der Interviews und den Ergebnissen der Umfrage machen wir diese Präzisierungen zu den Empfehlungen, die wir am Ende unserer Forschungsarbeit formulieren, und in Richtung :

- Die Region Ile-de-France

Angesichts der Anzahl der finanzierten Unternehmen und der Kanäle, über die die Existenz der betreffenden Private-Equity-Fonds der Paris Region bekannt ist, empfehlen wir ihnen im Hinblick auf eine bessere Sichtbarkeit und eine Anpassung dieser Tätigkeit an die Literatur und den Rechtsrahmen selbst, Folgendes zu tun:

1- Die **Finanzierung von** Risikokapitalaktivitäten der französischen Regionen in den anerkannten bevorzugten Interventionsphasen (Start- und Gründungskapital) **soll neu positioniert** werden, um die festgestellte Nichtkonformität, d.h. die beobachtete Verschiebung hin zu den fortgeschritteneren Phasen (Wachstumskapital und Übertragungskapital), zu korrigieren;

2- die **Kontrolle der regionalen Exekutive** über ihre Fonds zu **erhöhen**, um die Einhaltung der Vorgaben zu gewährleisten und mögliche Abweichungen von der für die Regionen Frankreichs typischen Interventionslogik der Risikokapitaltätigkeit (*a priori*) zu korrigieren;

3- **Kommunikation** mit den lokalen Fachleuten für die Begleitung innovativer Unternehmen, die am SRDE-II beteiligt sind. Diese Kommunikation sollte den Fondsverwaltern in der Region Ile-de-France bei ihren Beziehungen zu den Projektträgern innovativer Unternehmen vorgeschrieben werden. Schließlich muss eine bessere Verbindung zwischen den Finanzierungs- und Begleitstrukturen hergestellt werden, um die Sichtbarkeit der lokalen Akteure, die an der unternehmerischen Innovation beteiligt sind, zu verbessern;

4- **Die Formalisierung des Erfahrungsrückflusses** in einer geeigneten Struktur, der Rahmen der ARF durch seine

- Die Manager der betroffenen Private-Equity-Fonds in der Region Paris

Unter Berücksichtigung des Feedbacks zur Wahrnehmung der Private-Equity-Aktivitäten, die der Region Ile-de-France eigen sind, insbesondere der Wahrnehmung der betroffenen Fonds der Region Ile-de-France, um ihre Leistung zu verbessern. In diesem Sinne empfehlen wir ihnen, :

1- **Mehr Beteiligung am Tagesgeschäft des finanzierten Unternehmens**, um zu vermeiden, dass die Private-Equity-Aktivitäten der Region Ile-de-France zu einer klassischen öffentlichen Finanzierung werden, d. h. ohne einen vielfältigen strategischen Beitrag, der von den finanzierten Unternehmen tatsächlich wahrgenommen wird;

2- **Die Einbeziehung oder Beteiligung von** lokal ansässigen **Fachleuten für die** Betreuung innovativer Unternehmen in den Betreuungsprozess ist ein Mittel zur Verbesserung der Überlebensrate.

Bibliografie

Balme R., **Jouve** B., **(1995)**, "L'Europe en region: les fonds structurels et la regionalisation de l'action publique en France mëtropolitaine", *Politiques et management public*, vol. 13, n° 2, 50e numëro, Cahier 1, pp. 35-58

Beylat J.-L., **Tambourin** P., **Prunier** G., and **Sachwald**, F., **(2013)**, *L'innovation: un enjeu majeur pour la France. Dynamiser la croissance des entreprises*, Ministere du redressement productif-ministere de I enseignement snperienr et de la recherche.

Cherif M., **(2008)**, *Le capital-risque, Revue Banque Edition,* Les essentiels de la banque, 2ᵉ ëdition

Cget, (2016), "Häufig gestellte Fragen. Instruments financiers FEDER-FSE-FEADER- FEAMP", Version Juni 2016, 56 p.

Demaria C., **(2015)**, *Introduction au private equity* - Les *bases du capital-investissement, Revue Banque editions*, Les essentiels de la banque, 5ᵉ ëdition

Depret M.-H., **Hamdouch** A., **Monino** J.-L. und **Poncet** C., **(2010/3)**, *Innovationspolitik, regionaler Raum und Gebietsdynamiken: Versuch einer Charakterisierung im französischen Kontext,* De Boeck Supërieur, *Innovations*, Nr. 33, Seiten 85 a 104.

Dubocage E. und **Rivaud-Danset** D., **(2003)**, "L^mergence du capital-risque: la politique publique frangaise", *Les notes de 1 IFRI*, N°55, La documentation frangaise, Paris.

Encaoua D., **(2004)**, *Les enjeux economiques de I innovation*, Bilan du programme CNRS, Revue d^conomie politique, 2004/2 vol. 114, p.133-168

Florida R.L. und **Kenney** M., **(1988)**, "Venture capital, high technology and regional development", *Reg. Studies* 22, 34-48

Geay A., **(2007)**, *Liberer la croissance des PME par l'innovation*, Vie & Sciences de l'entreprise, 2007/3 N°176-177, S. 173-180

Guerin I. **und Vallat** D., **(2000)**, *Trespetites entreprises et exclusion bancaire en France: les partenariats associations-banques,* Revue d'Economie Financièree volume 58, N°58, pp. 151162

Guilhon B., **and Montchaud** S., **(2003)**, *Le capital a risque et les jeunes entreprises innovantes:*

problematique et enjeux, Revue Internationale P.M.E.: ëconomie et gestion de lapetite et moyenne entreprise, vol. 16, n° 3-4,

Jegourel Y. and **Maurin** M., **(2015)**, "Le financement de 1 economie frangaise. Quel role pourles acteurs publics ?", Les ëtudes, *La documentation frangaise*

Jurgensen P., **(2007)**, *La strategie de Lisbonne et le capital-risque en Europe*, Revue d'economie financièree, n°88, pp. 185-194

Kahn R., **(2007)**, *Les nouvelles orientations de la politique régionale europeenne*, Bulletin de l'observatoire des politiques economiques en Europe n°16

Leger-Jarniou C. et *al.* **(2013)**, "Le grand livre de l'entrepreneuriat" (Das große Buch des Unternehmertums), Sammelwerk, *Dunod*, 419 S.

Kouevi A., **(2003)**, *Le droit des interventions economiques des collectivites locales*, Editions L.G.D.J

Marty F., **(2006)**, *Collectivites territoriales et entreprises: nouvelles competences ou nouvelles politiques*, Colloque du GRALE "la dëcentralisation en mouvement", Paris, Assemble Nationale, 10. und 12. Januar 2006.

Menville J., **(1990)**, "Le financement du dëveloppement regional", *Les cahiers* du *LERASS*, Forschungen in den Sozialwissenschaftenëtë, Nr. 20

Redis J., **(2009)**, *Finance entrepreneuriale: le createur d'entreprise et les investisseurs en capital*, de boeck, Kleine Unternehmen und Unternehmertum

Regions de France (2017), "Les chiffres ctes des Rëgions", Etudes, September 2017, 42 Seiten.

Region d'He-de-France (2017), "Stratëgie pour *la* croissance, 1 emploi et l'innovation en Ile-de-Frane", *A vous la Region*, Januar 2017, Dokument nicht paдтë.

Region d'He-de-France (2017), "Entreprises, dëcouvrez les nouvelles aides hinttneieres regionales", *A vous la Region*, Januar 2017, 10 Seiten.

Tchemena-Nteupe J, **(2019)**, "Die Entstehung eines Kapitalmarktes in Frankreich". investissement propre aux Rëgions: le cas de la Rëgion d'Ile-de-France", these de Doctorate in Business Administration (DBA), IAE de Nice, 26 fëvrier 2019, 220 pp.

Touati P.Y., **(1999)**, *Le capital de risque regional franqais: vocation economique - vocation*

fmanciere, Revue internationale P.M.E: ëconomie et gestion de la petite et moyenne entreprise, Vol. 12, N°3, S.91-106.

Touati P.Y., **(1989)**, "Le capital-risque régional et local en France" (Regionales und lokales Risikokapital in Frankreich), *Editions Syros- Alternatives*,

Truel J.L., **(2007)**, *Soutien aux PME innovantes: le probleme de l 'acces a un fmancement perenne*, Vie & Sciences de l'entreprise, 2007/3 N°176-177, S. 159-167

Spieser C., **(2008)**, "Les fonds structurels europëens: quels outils pour faire face aux restructurations? Expëriences et realisations passëes", *Revue internationale de droit economique*, pp. 2013-230

Sitographie

Alter Equity : www.alter-equity.com

Kurs děcisif : www.cap-decisif.com

Cget : http://www.cget.gouv.fr/

Equisol : http

://www.esfingestion.fr

F esi:http://www.cget.gouv.fr/thematiques/europe/fonds-europeens-structurels- und-investitions-fesi

Fonds Quartiers : http://www.toute-la-franchise.com et

www.impact.fr/creationFonds Rěgionale Ko-Investitionen : www.frci-idf.com

Ende;incites : www.financites.fr

Ile-de-France Capital :

www.idfcapital.frUICR :

www.uigestion.com

Rěgion d'Ile-de-France :

https://www.iledefrance.fr/Rěgions von Frankreich :

http://regions-france.org/ Scientipole capital :

www.scientipolecapital.fr

Janvier **TCHEMENA-NTEUPE** ist ein Experte aus der Wirtschaft und Doktor der Betriebswirtschaftslehre (DBA), der 2019 an der IAE de Nice - Universite de Cote d'Azur promoviert wurde. Er besitzt außerdem einen 3^e Zyklus in Unternehmensrecht mit dem Schwerpunkt CCMO, den er 2009 an der Faculte Jean Monnet - Universite de Paris Sud 11 erlangte, sowie das Diplom ATC (Conseiller technique Commerce, Services), das er 2012 an der CEFAC in Paris erwarb.

Darüber hinaus war er unter anderem als Berater und Ausbilder in den Bereichen Business Management, Unternehmertum und wirtschaftliche Entwicklung von Gebieten sowie als Mitarbeiter eines Rechtsanwalts tätig. Er ist Lehrbeauftragter (Wirtschaftsrecht, Unternehmertum, Management und Wirtschaft) am Icam (Institut Catholique d'Arts et Metiers, Ecole d'ingenieurs, site de Grand Paris Sud) und assoziierter Forscher bei GREDET - groupe de recherche sur l'entrepreneuriat et le developpement economique des territoires - einer Vereinigung nach dem Gesetz von 1901, zu deren externen Förderern und internen Animatoren er gehört.

Seine Forschungsgebiete umfassen folgende Themen: territorialisiertes Risikokapital, wirtschaftliche Entwicklung von Gebieten, lokales oder regionales öffentliches Management, unternehmerische Finanzen, Unternehmertum und Wirtschaftsrecht.

I want morebooks!

Buy your books fast and straightforward online - at one of world's fastest growing online book stores! Environmentally sound due to Print-on-Demand technologies.

Buy your books online at
www.morebooks.shop

Kaufen Sie Ihre Bücher schnell und unkompliziert online – auf einer der am schnellsten wachsenden Buchhandelsplattformen weltweit! Dank Print-On-Demand umwelt- und ressourcenschonend produziert.

Bücher schneller online kaufen
www.morebooks.shop

info@omniscriptum.com
www.omniscriptum.com

Milton Keynes UK
Ingram Content Group UK Ltd.
UKHW041828131124
451149UK00001B/196